JN440640

밤이 가면 내일이

박기태 시집

오늘의문학사

◆여는 글◆

시인의 변

밤이 가면 내일이—
어쩌면 필연을 동반한
자연의 법칙
그래도 가슴속 영원한 바램은
분홍빛 내일에 대한 기다림 같은 것
그래서 희망은 아름다운 것.

2012. 늦은 봄에
柔川 朴 其 泰

차례

2부 비오는 날의 포도밭

3부 상춘곡

4부 장마 속의 해바라기

5부 그리운 숨결

6부 산 개울 풍경

1부
그림을 그리면서

—

조용히
별을 품은 채
무심히 살고 있는 돼지로
영혼의 눈망울이
꿈처럼 반짝이는 별빛으로
그래서 하늘 지켜보는
심장의 북소리 같은 정열

—

깃발

얼부푼 바람
바퀴소리 요란한 거리에서
아무런 소득도 없이 숨결만 거칠다

아픔이 뒹굴고
허기진 입김 흩어지는 언저리에
찢겨진 카렌다 그림자가 춤을 춘다

커텐도 없는 유리창 안
가스난로 붉은 빛깔의 불기
운수대통의 날개 덥혀줄까

펄펄 숨가쁜 삶
이제는 의미도 상실한 채
가늠 없는 어림으로 깃발을 세워본다.

세상(世相)

온난화(溫暖化) 꽃그림자
오존에 찌든 냄새로
노망 들린 세상(世相)
울고불고 야단 떨다가
뒷덜미 움켜잡히면
외계어로 흥얼거린다

탐욕에 춤을 추는 세상(世相)
눈과 귀를 막고
세상(世上)에
변하지 않는 것이 있는가
제멋대로 노래 부른다

해수면의 온도상승에
몸살 하던 태풍
엉덩이가 뜨거워
천방지축 날뛰더니
세상(世相)의 가슴 할퀴고 몸부림친다.

멘토링

가족해체시대
파란 하늘
노오랗게 물들어
모락모락 피어오르던 꿈
녹엽까지 노오란 들녘에
녹아버리는 어린 영혼들

햇살이 가슴 열어도
그림자가 싫어
그림자 없는 어둠이 더 좋아
눈물 글썽이며 보듬고
고독의 아픔으로 젖을 때

멘토링의
멘토와 멘티
차라리
결손의 발자국 위
그림자가 아름다운
희망의 햇살이 따사롭다.

별의 이별

이렇게
가슴 편안한 거리에
밀실에서 배설의 치다꺼리로
용트림하던 아픔
조용한 어둠으로 덮이며
걸음 멈추어 별이 속삭이는 밤

삶의 발자국이 스냅사진 되어
침묵하는 바람 속에서
인색한 현실을 안고 서서히
파란 꿈마저 잠들어버리는 밤

스스럼없이
모든 것은 그대로 둔 채
사랑하는 마음들과 등을 돌리고
손을 흔들다 추락하는 별똥별
헤어지는 슬픔
은하수 강물에 젖네.

설야(雪野)의 발자국

한겨울 벌판에 온통
하얀 눈이 시름처럼 덮인 적막
간간이 조율하는 바람소리, 언제인가
세월을 지나는 발자국 하나
햇살에 튀어나와 끝이 없다

편히 잠들지 못한 긴 밤
잠 설치며 마음에 담아 둔 아픔
발걸음마다 뽀드득뽀드득
눈 위에 젖어들고
슬플 때는 슬픈 춤사위로
기쁠 때는 기쁜 가락으로
하얀 벌판에서 춤을 추는 깃발

선명한 발자국 위에
깃을 내리는 그림자로
햇빛 잠들고 깨어나 보면
어느 날
주검의 가슴 열릴 검은 슬픔.

그림을 그리면서

어느 날부터
세월의 먼지를 뒤집어쓰고
한 폭의 그림을 그린다

조용히 별을 품은 채
무심히 살고 있는 돼지로

영혼의 눈망울이
꿈처럼 반짝이는 별빛으로

그래서
하늘 지켜보는
심장의 북소리 같은 정열

가슴 터지는 함성
마음과 마음을 잇는
느낌이고 즐김이었으면.

밤이 가면 내일이

세상을 아름답게 할
기다림의 밤은
달빛과 함께 가면서
복사꽃 꽃바람과
내일을 내다보고 있었다

저 꽃잎이 묻히고
바람이 머무는 자리
어둠 속에서 잠 깨인 별들은
가슴속 영원한 세월 속에서
내일을 내다보고 속삭이고 있었다

달빛 녹아
그림자 적시고 엎드리면
품에 안기는 봄바람 하늘거리고
분홍빛 꽃잎
춤추는 내일이 오려는가.

침묵 속의 이별

찢어진 녹엽
애당초 속 빈 바람결에
햇살 출렁이고 있어
탄소동화작용은 실수를 하고 있었다

반질거리는 잎새 위에
위장된 거미줄이 성기고
시기와 질시의 눈초리가
욕심스럽게 발광하고 있었다

영롱한 이슬 방울방울
위 아래로 반짝이는 눈동자
그 맥박소리가 역겨워
회오리바람을 몰아오고 있었다

싱그러운 녹음이거니 한 초록향기 속
목구멍이 매캐한 청솔연기로
말없이 옆으로 돌아서는 얼굴
눈물 콧물 범벅이 되고 있었다.

눈시울

가마 아궁이 앞에서
단잠 접어놓은 도공(陶工)
저녁 내내 불과의 대화로
엄숙해진 밤

마음속에 담겨있다
불꽃에 태워버리는 고적감
영정사진이 되어버린 그리움 속에서
눈꽃처럼 반짝이던 그대의 눈빛

세월의 심지가 연소할 때
뜨겁게 뜨겁게 태우는
성숙한 사랑

아이들 결혼식 날
신랑 신부 인사에 적시던 눈시울도
그렇게나 뜨거웠다.

인생

어린 시절
기다리고 기다리는 것
어느 날에나 어른이 되려는지
겨드랑에 털 날 날
사타구니 거웃 쓰다듬을 날
손가락 꼽아 헤아려도
그냥
까마득하기만 했던 시절이었던가

어느 날
태풍 속에서 비닐을 뒤집어쓰고
옷고름 움켜쥔 세월의 몸짓과
찬바람에 휘감기는
고목나무의 신음소리에
덩달아 알몸으로 울어버린
그날이 언제이던가

따스하고 다정하던 미소
거센 파도에 부서지던 아픔

이제는 덕지덕지 손때 엉긴 채
허리춤에 매달린 사랑주머니 같은 것
내열로 달구어진 몸마디에서
가을 단풍같이 추억의 꽃 피우며
떨쳐버릴 수 없는 그림자 보듬고
가슴 짓누르는 미련의 굴레로
숨결만 헐떡일 텐가

시간이 흘러 삶이 바뀌어도
지나간 자국 위에
그리움도 바람도 고이고
꺼지지 않는 눈빛이 있어
인생이란
이 순간을 살고 있음이런가.

목련꽃 연가

도란도란
봄바람이 속삭이며
다가오는 소리에
긴 겨울잠을 깨었습니다

초롱초롱
잠 깨인 눈망울 속으로
가슴 불타는 그림자가
아지랑이처럼 안겨옵니다

아슴아슴
어둠에 감싸인 열정
찬란한 별빛에 반짝이는 이슬
그렇게 사랑을 간직했습니다

송알송알
사랑을 깨우친 목련은
이별을 모른 채 고막이 터지도록
하얀 꽃망울을 터뜨렸습니다

파릇파릇
파란 잎이 돋아나면서
이별을 말할 때는
귀가 먹었습니다.

광장

여기까지 왔구나

청춘의 앞날은 알지 못한다고
더듬거림 없이
멈추지 않는 바람처럼
머물지도 못하고
구름의 번뇌 씻어가며
여기까지 왔구나

오던 길 되돌아보며
묻어버렸던 만남들
하나 둘 발굴하며
그리움에 사무쳐, 결코
눈물을 훔치면서
여기까지 왔구나

바람도 외로워 방황하는 골목
오던 길로 거슬러
나이들은 광장까지 왔구나.

일기장

지나간 일기장 위로
구름 비켜선 달 밝은 밤이
그림자를 더듬고 있었다

사는 동안
가슴에 멍울 남겼던 일들
세월의 바퀴에 붙어
덜그럭거리는 자갈길을 뒹굴어간다

가다 가다
시샘 많은 봄바람에
아픔 같은 속살 보이면
더 보일 것도 없는 오늘을 열어주자

무슨 생각 더 할까
첩첩이 주저앉은 산
깊은 골짜기마다
아픔 끌어안게 하였으면….

잠 깨인 바람

어두운 밤
연 달린 산과 산 사이 오두막
아버지와 아들의 삶
바람이 찾아오고 있다

자 눈을 감아라
보이는 것이 있는지
무슨 소리가 들리는지…

산 아래 염소 축사에서
염소들의 배부르는 것이 보이느냐

대문 밖 상수리나무
잎새들의 흐느낌이 들리느냐

울타리가의 대추나무
대추들이 익어가는 것이 보이느냐

선반 위의 아코디온
건반은 많아도 배고픈 신음이 들리느냐

낮에는 눈을 크게 뜨고
밤에는 귀를 깊이 열고
세상 구석구석을 더듬어야 한단다.

은신

파란 하늘에서
따갑게 헤엄치는 가을볕
푸른 초원에서 옷 갈아입으며
외로움 찾아가는 바람의
축축한 그림자 말리고

구멍 숭숭 뚫린 참나무 숲에서
쉬고 있던 나그네
하느작 하느작 걷다가
재난에 쫓기며 갈 곳 없어
맥없이 방황하는 바람
가슴에 끌어안아도

탁란(托卵)의 현실이 멀뚱거리는
불공정한 생존방식이 통하는 세상
숙주를 속이며 회오리치는 바람
하얀 구름 사이 몸을 숨긴다.

제2부
비오는 날의 포도밭

—

애당초
정과 욕망은 동행할 수 없는 것
아우성 가득 담긴 수조에서
긴 긴 세월 뒤적이다
준비된 몸으로 추락하는 빗방울
바장이는 삶의 춤사위다.

—

바람 부는 날

허공처럼
텅 빈 거리 바람이 휩쓸고
우리들의 사랑도 방황하는데
꿈을 접은 은행나무들
우수수 진저리치면서
흩뿌리는 노란 눈물
애당초 오늘 같은 날
하얀 손수건을 마련할 것을.

바람의 소감

갓길도 없는
자동차 전용도로의 바람
두리번 두리번
쉴 곳 찾으며 달려가다
끝마감 톨게이트
어느덧
가로등의 불빛은
저녁 하늘 허공 속으로
어둠과 함께 졸고 있네.

그리움 일렁이는 날

그리움 일렁이는 날에는
산이 더 가까이 다가옵니다

깊은 계곡 물안개 속에서
방황하는 그리움들
오선지에 색칠을 하고
가슴 속 언어들을 나열합니다

뿌연 담배 연기와 더불어
무한의 공간에다
묻혀있던 추억들을 꺼내어
노란 별들로 뜨게 합니다

하나 하나 풀어낸 그리움
한 아름으로 품에 안고
침묵하는 산에다 묻어야 합니다.

아픔이 깊은 날

아픔 깊은 날에는
햇살도 얼굴을 묻고
구름이 깊게 신음합니다

숲이 우거진 그늘 속에서
숨 막히는 더위를 안고
땀 젖어 혼미한 시야
상처 입은 영혼
맑은 강물에 얼굴을 씻으며
저미는 아픔을 달래봅니다

행여, 망각의 들녘에 줄을 늘이고
순서도 없이 바람개비를 끼우고
가슴 깊이 덩어리로 일렁이는
아픔의 조각들을 날려봅니다

아픔 깊은 날에는
닫혀진 마음 활짝 열어놓고
눈물이 얼룩지는 시를 씁니다.

시인의 아픔

글모음 낸
시인의 등산길
가뭄 끝에 내리는 가을비
후줄근한 발걸음에도
갈증으로 신음하던 가을단풍
화사한 색깔 기다림에
가슴 적시는 회심의 미소
그러나, 어느 날
단풍의 몸짓 그리우면서도
후회할 수밖에 없는 가난으로
질척대는 오늘을 탓하는 짜증들
시인은
아리는 가슴을 닫는다.

눈 속에 남아

미리내 물결처럼
반짝이던 그대의 눈빛
머릿속에 남기지 않고
가슴에 담지 않고
입에 물지 않은 채
회한의 발자국 지워진
하얀 건반 위에서
꿈꾸며 춤을 추다가
멈추인 숨결
감겨진 눈 속에
꿈처럼 가물거리네.

새벽길

온 밤을
어둠을 지키고 있던
동산의 어깨 짚고
잠 깨이는 새벽길
피로에 지쳐 갈팡대는 발걸음

두 눈 감고
작은 우주는 쉬고 있으나
두 다리는 의식도
새로운 희망, 약속 없어도
주어진 오늘의 길
잠 속에서 걷는다

"쾅"
작은 섬광이 스치고
더듬거리는 반사적인 두 손
그래도, 밟히는 흙의 신음소리로
편안한 안식의 뜨락을 향해
검은 새벽을 걸어야 한다.

겨울바람으로

가슴이 열린 어둠 속
뜨거운 건반이 울며 연주하는 블루스
멈출 줄 모르는 째즈
사랑을 나누고 있다

밤은 제 정신이 아닌가
도시를 색칠하면서
인생을 사랑한다고
겨울바람으로 울부짖는다.

그리움 소곡

구름 따라
겹겹이 누워 있던 추억 속에
촉촉한 풀잎에서 반짝이는
이슬 같은 눈망울의 소녀
그립고 보고픈 얼굴이여

가던 길
그대로 걷다보니
발자국의 흔적들만
그리움으로 뒹구는데

귓가에 맴돌며 속삭이던 숨결은
내 영혼 속에 흐르는
갈대숲의 바람

아늑한 영상의 화면 위에
상큼한 미소 가득히
가로등 불빛으로 쌓이는가.

물무늬

붉은 노을이 아름답다
이제 곧

어둠 앞세운 황혼이 스멀거릴 께다
확 트인 길에도
나무와 풀숲이 우거진 산에도
스멀거릴 께다
그 산자락 둠벙가에
나그네 하나
방향도 없는 바람과 함께
물거울에 비추는 자화상을 굽어본다
아름다운 하늘이 숨어 있었다
바람이 가랑잎 하나 띄운다
가녀린 파문
나그네는 흐느끼며 눈물을 떨군다
그래도 동그란 물무늬.

비 오는 날의 포도밭

저 푸르름 여울 속에서
너울너울 손 흔들며
둥글넓적한 포도잎
흐물흐물 춤을 춘다

빨갛게 우러나는 포도즙
맑은 햇살이 보듬어 안으면
내 붉은 심장은 취하여
앞 못 보고 사는 벼랑에 선다

애당초
정과 욕망은 동행할 수 없는 것
아우성 가득 담긴 수조에서
긴 긴 세월 뒤적이다
준비된 몫으로 추락하는 빗방울
바장이는 삶의 춤사위다.

삶

질푸른 바위 옷 사이에서
무심한 바람 보듬고
구름 속에 앉아 있는
소나무 한 그루
용트림하던 긴 세월
절벽으로 흐르는
아침이슬 지켜보는 눈물
한 번쯤
외로운 추락을 생각하다
그리움 절절한 흙
흙이 삶이라
가슴에 묻어버린 삶
오늘 하루도 고독하다.

무심한 세월

소리 없이 흐느끼던 어둠이
창문 밖에서, 부서지는 별빛
허기진 달빛 눈치 살피며
새 날 잉태하고 있다가
모닝 콜 콧노래에 또 다시
무심하게 눈을 뜨고 있다

오늘도 기관사 없는 세월의 열차에
어제처럼 시그널을 보내고
내일의 삶의 추락을 향하여
지쳐 쓰러질 분노가 이글거리는 황혼
섭리의 용광로 속으로 밀리면서
눈웃음만 띄우는 어둠의 눈을 뜬다

날밤 새는 삶의 허물과 아쉬움
따스한 그리움에 속 태우던 세월
무심한 눈물 속에 녹아드는
어둠아 너를 사랑할거야
어느덧 백발만 희끗거리고 있다.

고향의 하늘

흔적 없이 흘러가는 시간
자국 없이 걸어가던
세월의 탑첨에 앉아
추억 풀어놓고
바람이 빚는 맑은 노래로
잠자던 푸르름을 깨워
가슴으로 속삭이면서
발걸음으로 여는 고향의 하늘
그리움 피어오르는 구름 위에서
잊혀진 사랑 보이는가
멈추었던 아픔 숨결 되살려도
파란 고향 하늘
햇살의 미소 번지고 있어
솔바람 촉촉하게 가슴 적심은
오늘도 옛스러워라.

정적

어제
흐르던 산개울
오늘
하늘 잠긴 둠벙에서
밝은 햇살 덮고
산 그림자 보듬고
꿈과
함께 잠들었구나.

하얀 어둠

소쿠리 속 같은 방
언제부터 촛불 하나
저 혼자 춤추면서
밤을 사르고 있다

가슴속에 사려있는
고뇌의 순간들을
실타래처럼 풀어서
다닥다닥 허상만 앉아 있는
구겨진 벽에 비추어본다

멋대가리 없는
하얀 어둠
언제부터
창문 두드리며 기웃대다
별들의 속삭임을 알려준다

열려진 가슴
속살까지 더듬는 하얀 어둠.

제3부

상춘곡

–

어찌할거나,
가슴을 활짝 펴라
산과 강과
그리고 소리 없는 화신(花信)은
산들거리는 봄바람으로 사랑을 하라

–

노란 유혹

끝 모르게 이어져
가을바람도 숨죽이는
노란 주검의 거리

원색의 바람
춤을 추고 있어
연인의 손목을 꼭 쥐어보는
노란 은행잎의 유혹

갈라진 잎새
하나의 잎자루로 이어진
사랑의 표상
가을 쉼터에서
노랗게 뒹굴어볼까.

낙엽을 밟으며

어깨 부딪고
투덜대며 부대끼던
교목의 활엽수들

무정한 세월 속에서
사랑마저 잃어버린 찌꺼긴가
지천에 깔린 오솔길

맥없는 바람 스쳐보고
무심한 발길에 밟히며
가슴 터지는 신음소리

하늘도 마음 아파
파랗게 질려 저 만큼
써늘한 바람으로 울고 있네.

결실

가슴 더듬는 바람
창공을 비상하는 비둘기
삶을 토하는 분수대에
노란 열매가 뒹굴고 있다

사랑하는 이들의 숨결도
따가운 햇볕에서
삶의 두께를 뒤적이는 이들도
공연스레 가라앉는 기운
흐뭇한 충만에 젖고 있다

짙푸른 풋내음 녹아서
풍만한 여인의 어깨춤으로
그대로 일렁이는 뜬구름

무엇인가 잃고 가는 듯
허전한 그림자는 털어버리고
노란 깃발을 들어라
가을, 가을이다.

9월의 마지막 날

기를 쓰고
더듬거리던 더위
9월의 마지막 날
창문 밖에서 애태우다가
가슴 식히는 빗살 속으로
흔적 지우며 안녕

가을비
세월의 고갯마루에서
떠나가는 구름 흩뿌리는 눈물인가

10월이 오는 들머리
땅에 잉태시킨 꿈들
이제
하나, 둘 영글어
새로운 빛으로 태어나고저
달력 한 장 지우며
두근거리는 가슴
가만히 열어 제친다.

소문

어느 날부터
소문이 무성했다
아들과 어머니의 성교
그리고
아버지의 질투

하늘을 향한 춤사위
땅을 향한 통곡소리에
꽃을 씹는 시인

가슴 후비며 망설이다
머리칼 움켜쥔 채
발목에 검은 사슬을 채우고
숫돌에 칼을 가는 소설가.

상춘곡(賞春曲)

꽃은 피고
강물은 흐른다
화들짝 얼굴을 편 햇살에
반짝거리는 물살

푸르름 감싸 안고
노란 꽃망울 간질이는 강바람
꿈결처럼 피어나는 아득한 봄 향기
두 팔 벌려 춤을 춘다

미친 듯 어우러지는 아지랑이
겨울 두께 걷어낸 가슴들
눈 흘기며 예뻐지는
꽃봉오리 사이에서 팔딱이는
저 처녀 종아리가 눈부시다

곧 피어날 목련꽃망울의 신음
그대 안에서 터질 듯
꿈은 꿈자리에서 일어나고

어쩌면 이 봄의 함성이
푸른 원두를 물결치고 있다

어찌할거나, 가슴을 활짝 펴라
산과 강과
그리고 소리 없는 화신(花信)은
산들거리는 봄바람으로 사랑을 하라.

동짓달의 비

서글퍼지는 동짓달
뉘엿거리는 들녘에 비가 내린다

두려움도 없고
시기할 줄도 모르는
무수한 빗방울
마지막 침묵을 위하여
각기 다른 소리를 내면서
찬바람 속에 주저앉아 버린다

외로운 가슴 촉촉이 적시다
동화되는 한 줄기 물살
질척거리는 흔적 지우면서
소망하는 생각
가슴속에 담고
동짓달 들녘에 드러눕는다.

삼동(三冬)의 꽃나무

살갗 에이는 혹한
무서운 인내와 기다림으로
어둠의 허공 속에 맴도는
알몸의 간절함

토양이나 일조의 가림 없이
본디 심성으로 옹알옹알
소란스럽고 요란하게
화려한 춤사위 너울너울 날갯짓에
숨을 멈추던 햇살의 그리움

바람의 시샘 속에서
둔갑한 꿈의 비늘
빈손 같은 헐벗음으로
버릴 것 버리고 허허로히 서서
기다리는 고통으로 남은 시간

오늘도 온종일 바람과 함께
데면데면한 표정 나누고 있다.

잔화(殘花)

서글픈 꽃가지 잔화
텅 비어버린 바람 속에서
초록빛 고깔을 쓰고
고개 숙인 채 숨죽이며
거무튀튀하게 늙어가는
땅만 쳐다보고 있다

화사한 꽃 그림자
너울너울 눈앞에서 춤추더니
어느덧 빛바랜 연대의 흔적으로
바람이 입맞춤하고 보듬던 날
꽃잎은 떨어지고
연초록 맑은 숨결이 가슴을 연다

서늘한 새벽 어스름
꽃그늘 날개옷 벗기면서
살며시 고개를 눕히고
봄날의 속살에 늦잠들 테니
바람아 천천히 쉬어가렴.

봄이 가면서

세월이 선택한 봄
허무의 색깔 위에서
고달파도 신나게 화사하던
봄날이 간다

연분홍 치맛자락
휘날릴 틈도 없이 불꽃 사라지듯
초록빛 그늘 아래 그리운 추억 남기고
내 속에서 내가 빠져나가고 있다

유성인 듯 소리 없이
백화점엔 성큼 여름이 열리고
찬란한 꿈속으로
눈을 감는 봄

마지막 숨결 가누며
한 송이 봄날의 얼굴
가지 끝에 매달려 있다.

꽃바람

여기 뜨락마다
앙증맞은 꽃 잔디 미소

화사한 철쭉
홍백으로 하늘거리며

한꺼번에
터져버린 봄날의 환희

꽃그늘에 잠든
황사에 젖은 세월도

발끝에서
서성이는 꽃바람 따라

푸른 들 더듬어
봄날을 휘젓고 간다.

어둠 속의 장미

찬란한
6월의 햇살
진홍색 장미꽃
현란하게 붉은 입술

어둠이 깃을 내리고
누렇게 퇴색한 가로등
볼따구니에 주저앉아
검버섯 핀 미소

정열도 잠들고
침전된 붉음은
몰아쉬는 한숨으로
검붉게 짓물러가도
밝은 내일이 잠들었구나.

나는 시를 씁니다

하얀 두 팔 너울거리는 살풀이
슬프도록 고운 외씨버선
진혼의 흐느낌을 씁니다
초가을 아슴한 밤
가슴 촉촉한 귀뚜라미의 소야곡
아픔 달래는 포옹을 씁니다
이별의 눈물 훔치며 떠돌던 바람
창가에 머물러 손짓하는
유혹의 눈빛을 씁니다
먹구름 울부짖으며
비바람 등에 업은 태풍
캄캄한 어둠으로 옥죄어오는
살갗 떨리는 공포를 씁니다
텅 빈 허공 건너편
푸른 하늘은 늘 가슴을 열고 있고
조용한 숨결로 언제나 볼 수 있기에
고통만큼의 깊은 사랑을 씁니다
그렇게 시를 씁니다.

운명(運命)

이슬비 멈추어버린
산기슭 옹달샘가의 숲속
너럭바위에 질퍼덕 앉아
쌉싸래한 풋내음에 가슴을 열고
깊게 깊게
담배 한 모금 내뿜을 때
땀기 훑고 가는 산바람 한 자락
으스스 산벚나무 진저리치는데
무심하게 떨어지는 물방울 하나
피지직
부토에 묻혀야하는 불 꺼진 꽁초.

제목이 잘못된 시

미처 쉼표도 없는
부산한 하루를 마치고
저녁 설거지를 하고 있는 창가에
바람이 머물다 스쳐가듯
그대 돌아설 때의 숨결

말을 잃어버리고
당혹해 하는 눈망울
만남의 기억들을 밀봉하고
되돌아 그리움에 젖으며
읊조리고 있는 슬픈 노래

이제
강물처럼 흘러간
밝음과 어둠의 깜박거림 속에서
나의 시는
제목이 잘못 되었었다.

제4부

장마 속의 해바라기

–

온 날을
그리움의 이쪽에 서서
꽃술 스치고 스러지는 빗물에게
사랑하고 사랑하였네라
텅 빈 마음으로 외치면서
올려다 본 하늘

–

박꽃

하얗게 밝힌 밤
윤회의 강가에서
물안개 휘감긴 옷자락
찬이슬 주저앉은 하얀 박꽃

그리움 녹아 흐르는
어둠 적시는 별빛 속에서
마주보는 눈길
물기 촉촉한 아픔 같은 미소

허기진 세월 가슴에 담고
빚어내며 멈칫대는 발걸음
마지막 흔적 더듬던
내 어머니의 미소여.

강화도 기행

개국의 발원
첨성단 용마루에
반만년의 서기 서리고
노오랗게 물드는 잔디밭
가을 햇살 잠드는가

오랑캐 몽골의 말발굽에
국토는 짓밟혀도
39년 호국의 항쟁
어깨 짓누르는 한숨
궁지(宮趾) 위에 쓸쓸하게 감돌고 있다

36년 식민통치의 효시
운양호의 포탄 흔적
처절한 핏자국을
무심한 구름이 덮고 있어
붉은 넋이 오락가락

아프고 슬픈
역사의 불꽃 흔적들
검푸른 바닷바람에 휩쓸리며
갈매기 끼륵끼륵
하늘 닿게 울어 댄다

울음 삼켜온
진(鎭) 보(堡) 돈대(墩臺)의 소나무들
포탄의 흔적 보듬고
이젠
무심한 세월 지키고 있네.

산수유 2

강변 서성이는 봄바람
가슴 따뜻하네 산수유

기다림이 짓물러
노란 미소 올망졸망

춘곤증에
햇살도 졸고 있네.

마애불상(磨崖佛像)

— 선운사 마애불상

도솔산 낙조대길
언제부터인가
파란 하늘을 이고
뜨는 해, 지는 해 마주보며
세상을 잊어버린 채
빈 마음으로 암벽에 앉았노라

낙조대 벼랑 위에서
헛발 딛고 추락하는 안개
가슴 조이면서도
바람과 더불어 오가는
발자국마다의 업보
눈으로 점검하여 배꼽에 새기노라

관세음보살 나무아미타불….

선운산의 새벽

서해바다 갯벌에
끝자락 적신 채
붉은 햇살을 향하여
눈 비비고 일어나는 선운산

눈썹 끝에
새벽달 매달리면
등허리에 걸터앉은 바람

축축한 밤이슬로
팍팍한 구름의 번뇌를 씻어
늙어가는 세월 위로하고

적막에 잠긴
선운사 처마 끝에서
울려 퍼지는 풍경소리
산자락까지 더듬어 내린다.

골목길

기억 속에 그려진
그리운 옛 그림자의 풍경들

어스름 땅거미가 내려도
나는 너를 바라보고
너는 내게 미소로
흙냄새와 함께 번지던 사람냄새

그리고
구수하게 번지는 욕설들
한 눈 팔던 담 넘어 풋사랑
따뜻한 참사랑으로
만세 부르던 고샅

세월의 바람 속으로
흔적도 지워져버린 발자국
어느 날부터
가슴 아리게 엎드린 검은 바람들이
골목길을 지키고 있었다.

이천육년 오월의 우면산

뜨물빛 오월의 하늘
서울의 남녘자락으로
산이 누워있었다
허리 잘린 1호선 고속국도 좌우로
길게길게 우면산 줄기가 누워있었다

지금 우면산에는
빛깔 잃어버린 햇살아래
짙푸른 녹엽의 옷자락 사이로
토실토실 비만을 자랑하고 있는
뽀얗게 하늘거리는 아카시아의 꽃살

산자락 그 아래 길모퉁이에는
끼리끼리 자기들대로
초유의 열기가 넘실거리는 지방선거
그 열풍이 불어대고
저마다 거창한 슬로건 걸어놓은 채
맨손 오두방정의 메시지
음량조절 없는 함성은 산으로 돌아온다

산자락 들머리에서 방황하는 함성
짙푸른 녹엽 밑구멍을 들여다보고
헐벗고 굶주린 공간의
허기지고 메마른 땅껍질 더듬어
산 속으로 들어가고 있었다
바람도 한가롭게.

* 2006년은 지방선거가 있었다.

새재를 넘으면서

하늘아래 첫 동네
이제는 옛말이려니

용케도
산자락 골마다 메워
울창한 녹림을
양 어깨에 느리고
산을 핥으며 이어가는
하늘아래 첫 도로

발 아래로
문경새재 세 관문이 가물가물

목롯집 저녁연기에
개나리봇짐 풀어놓고
땀방울 훔치던 구름
이제는 옛 애기 되었구나.

* 중부내륙고속도로에서

하오의 중환자실

하잘 것 없는
가랑잎 하나
중환자실에 누워있네

태풍이 씻겨간 하늘
구름 떼
뒤풀이로 몸살을 하네

솟아오르던 날갯짓
천둥소리에 놀랬는가
바람 앞에 팔랑거리네

버거운 세상
땀을 닦으며 쉬어가려나
눈감고 망설이고 있네.

파란 하늘

간절한 그리움
오색 꿈이 일렁이는 오늘도
파란 하늘이 다가온다

화장을 못하는 하늘
하얀 바다
짙푸른 초원
붉은 단풍 위에서
덕지덕지
마음대로 엉겨 붙은 구름
바람이 마음 열면
가슴 열고 있는 내게로
상큼하게
파란 하늘이 다가온다

절절한 아픔의 이별
캄캄한 가슴속을
파란 하늘이 쓰다듬고 다가온다

가슴 무너지는 절망
눈물 젖은 하늘
태풍이 씻고 지나가면
화장을 지운 파란 내일이 있다.

빗소리

창 밖
가슴 적시는 빗소리
까닭 없이 눅눅해지는 마음
공연히
퇴색한 사진첩
뒤적이고픈
애처로운 그리움.

친구의 병실에서

잊어버렸던 외로움
마음처럼 무거운 침묵
온 병실에 흐르고 있는 하오
세상 보기 싫어 눈을 감고
아우성 듣기 싫어 잠이 든 채
미련이 담긴 수레처럼
세월 굴러가는 맥박소리 들으며
깊어가는 아픔도 잠들고
꼭 다문 입술의 언저리
그대 눈물 얼룩자리에
텁수염만 성글고 있구려.

장마 속의 해바라기

먹구름이 울고
눈물 펑펑 쏟아내고
기억도 가물거리는 몇 날의 하오

불타오르며 쏟아지던 햇살
어느 길목에서 헤어졌는지
잎새 움츠린 채 소리 없이
오열을 씹고 있는 해바라기의 슬픔

온 날을
그리움의 이쪽에 서서
꽃술 스치고 스러지는 빗물에
사랑하고 사랑하였네라
텅 빈 마음으로 외치면서
올려다 본 하늘

당신의 푸른 미소는 언제 스러졌는지
눈앞에 맴도는 구름

그대 그림자를 더듬어도
불꽃 식어버린 언덕 너머로
해일의 함성은 그대로 있었던가

가슴을 적시는
외로움에 서러운 눈물
그냥
잡초 속의 공간에서 절망 접고 있네.

지하철 인생

자고나면
태양은 다시 손짓하고 안아주어도
사랑을 잃어버린
건조한 삶이 터덕거려
감내하는 의지로
지하철 그 자리 다시 찾는다

무료함에 방황하는 시선
마주하는 공포에서 헤어나고
외로움의 미련
아픔도 없이
해탈하는 마음가짐으로
어둠 속을 질주하는 지하철에
삶을 얹어놓는 것이다

경노우대 무임승차권
주머니 속에서 만지작거리다
눈을 감고 있으면
파란 꿈이 잠들고

어둠에 녹아버린 생각도 가지가지

오늘 하루도
딸까닥 딸까닥 소음 속에서
가슴이 녹아버리는
잠 속으로 내가 묻히고
차창 밖으로
청춘이 무심하게 지나간다
세월이 쫓아오고 있다.

새막

어제 보이던
김매던 하얀 그림자 지우고
이제는 짙푸름만 흘러가더니

누런 물결
하나 둘 밀려오면서
땡볕이 쏟아지고
소나기가 한 차례 포악을 한다

언제 없어진
옛 얘기 속의 새막은
허수아비가 뜯어가고
호랑이 장가행렬
그냥 혼자서 지나가고 있었다.

제5부
그리운 숨결

–

내 해어진 섶자락에 스며드는
그대의 잔영
햇살도 눈시린 하얀 옥양목
눈부신 그대의 숨결
그리운 눈빛이여

–

주저앉은 한숨

무거운 어둠
시나브로 쏟아지는데
차갑고 스산한 강바람
풀잎 가슴 저미어
꽃들의 대화
새들의 노래도
강물에 풀어 세월 더듬는다

갈 곳 없어
앉은뱅이 돌 의자에
주저앉은 한숨
강 밑
모래바닥에 널려있는 아픔들
뜰채로 걸러낸다

어느 날
평안이 노글노글하고
사랑이 지켜질 바다에 이를까.

보이는 세월

찬란한 햇살
서서히 뜨거워지는 정열
동산 위에 걸터앉아
앞길 열어 보이더니
눈 시린 세월
오는 것
지나는 것도 볼 수 없는
텅 빈 창공에서의 유영(遊泳)
파란 꿈들이 영글어간다

이제는
벌겋게 물들이는 낙조
가슴 벌렁이게 하던 바람으로
세상을 껴안고 비벼대는데
세월
그림자 길게 누이고
웃으며 걸어가는 것이
한 눈에 보인다.

세모의 저녁에

세모의 언저리
거리에서 뒹구는 사주팔자
어수선하게 나풀거리는 아픔들

식어지는 재만 가득한 질화로
할머니의 이야기도 끝인가

감감한 제야의 종소리
이어지는 꿈속 이야기

그래도
소진되는 재 속에
작은 불씨는 있다

어슴거리는 저녁
내려앉은 어둠 뒤에
다시 태어나는 환희
찬바람은 발길을 재촉한다.

사람이 꽃보다 아름다워

바람의 물결 속
수줍은 그림자 드리워도
손가락 쳐들며 건네는 인사

당차고 야무진 얼굴에
초롱초롱 빛나는 왕눈이
하나같이 해맑은 미소

척박한 하늘과 대지
그늘에 가려진
충일(充溢)을 도리는 욕심

그래도
사람이 꽃보다 아름다워
닫혀진 가슴 적시고 있다.

시인의 공간

조그만
바람이 멈추어 있고
시인이 몸살을 하던
네모진 공간에는
유리창이 닫혀있었다

어느 날
칼바람이 몰아치던 날
유리창은 와장창 부서지고
시인은
하늘이 뿌옇게 허전하여
가슴으로 통곡을 했다

멈추어 있던 바람
시인을 버린 채 별빛 속으로 사라지고
시인은
바람이 털어낸 별빛
하나 둘 줍고 있다.

나의 삶

삶
정말 허망한 놀음이다

귀를 열고
설핏 지나는 옹달샘의 숨소리
어제까지의 어둠과 빛살도
추억으로 더듬는
주마등같은 발자국들

아무렴, 모두
부질없는 것
맥없이 꺾어지는 사랑의 날개

저녁 안개 눈을 가리고
벽이 무너져 내리면서 얼굴 내미는
바닷바람 앞에 녹슬어버린 관(管)
피가 철철 흐르다 멈추고
가부좌로 명상에 잠기면서
하얀 구름 위에 앉을 나의 몸뚱이.

고향생각

눈을 떠도 감아도
부산한 발자국소리
넘쳐나던 명절날 고샅
가슴속에 깃들던 그리운 미소들

이제
찾아가도 반길 이 없으니
그 바람마저 희미해지고

아래 모정 당산나무
별빛 쏟아지던 까치집
적막 속에 잠긴 채
그리움만 담고 있겠지.

사랑 그리고 이별

꿈의 그림자도 사라진 동공에
아픔 데리고 내리는 황혼

그 옛날
맑은 음성과 미소로
따스한 햇볕과의 속삭임
그러나 떠나는 뒷모습
아름다운 사랑의 쓸쓸한 그림자

만나고, 사랑하고, 그리고 이별
잊어버린 얼굴과 이름
잃어버린 세월의 자국들만
슬픈 미움으로 얼룩지다 연민

이제
사랑을 잃은 파랑새가 되어
가슴 적시는 언어들로
그리움의 노래를 토하며
바람 부는 산야를 날으리.

그리운 숨결

사랑이여,
산골짜기 꽉 채우던 바람
구름 따라 산등성이 넘어가고
텅 빈 가슴 깊숙이
흐느적거리는 그림자
그리운 숨결

철 느직한 오늘도
내 해어진 섶자락에 스며드는
그대의 잔영
햇살도 눈 시린 하얀 옥양목
눈부신 그대의 숨결
그리운 눈빛이여.

새해를 맞아

동방의 새벽
기지개를 켜는 여명
시린 겨울의 한 가운데
바람 모질고 파고 거칠어도
바다는 해를 품고
서서히 붉은 진통을 하면
해보다 먼저 일어나는 하얀 불빛
너와 내가
가난한 가슴을 열고
바다 물들이며 파도 딛고 걸어오는
상서로운 햇살을 품으면
소중한 불씨가 가물거리는
작아도 좋고
커도 좋은 소망 위에 닿는다
그래서
우리는 새로운 희망으로 이어간다
근하신년(謹賀新年).

도시의 까치

뿌연 하늘이 열리고
분홍빛 꿈의 봉우리가 터진 벚꽃나무에
배고파 방황하는
까치 한 마리
꽃그늘을 기웃대고 있었다

세월이 지나면서
아픔의 그늘 저편에
그림자처럼 살고 있는 너
네게 나는
그리움과 서러움이 얼크러진 채
허기진 뜨락의 나무그늘

내게 너는
회한이 넘실거리는 벌판에서
봄볕 무게에 짓눌린 채
천천히 그리고 조용히
나무그늘에서 그림자를 더듬는
도시의 까치.

간이역 손님

간이역 대합실
“시간이 너무 빨리 가” 투덜거리며
헐레벌떡 가쁜 숨 몰아쉬는
나그네
서산마루의 햇살에 눈을 비빈다

비 오듯 퍼붓는 총탄 속에서
녹엽의 세월 갉아먹고
욕망의 늪에서 허우적거리는
고독한 나그네

촉촉한 입술 더듬던 이브의 미소
이름도 모른 채
금단의 과일을 삼킨 원죄

아름다운 영혼을 씻고 오는
황혼녘 바람
“누구나 가끔은 외로워요”
“아니야 저 시그널의

메시지를 기다리고 있는 게지"

빛살 기웃대는 산 그림자
간이역 지붕을 넘어
만날 수 없는 철길 위로 내려와 있다.

어느 날

어둠이 허우적거리는
호젓한 거리에
몸살 하던 그리움이 드러누워
헐떡거리다 잠들었나

긴 긴 세월 동안
눈을 감은 채
파란 꿈속에서
낙서로 남겨지던 것

소리 없이 내리는 빗속에서
잠 깨인 그리움의 입맞춤
지그시 허리 감싸고
우산 속을 걷는 어느 날

촉촉이 젖은
포도에서 뒹굴다가
가슴에 젖는 장미꽃 얼굴
무심한 바람에 꽃잎이 진다.

잊어가면서

그 날
산자락 숲에서
초록향 그늘 찾아간 산새 한 마리
언제나 똑 같은 하늘이지만
달이 밝은 밤, 서로 다른 그림자들

"지난날의 그림자도 지운
발자국의 흔적 안고 살다가
회한의 바람이 부는 날

말은 못하지만 들을 수는 있는 달
저 달 가슴에 안으면
헤어짐을 새겨두고 가는
나, 구름을 안는 거야."

그 말
숲속의 이슬처럼
촉촉하게 귓전 적시고 있다.

아버지 생각

남의 땅 빌어
당신을 장사지내던 날
회한의 눈물 뿌리면서
봉분을 다졌습니다

당신의 땅에
손톱 닳도록 후벼 온
당신의 유골 이장하던 날
모든 것 남김없이 묻고서
한숨을 밟았습니다

세월의 치맛자락 여민 오늘
흔적도 묻었다고 했는데
내가 그때 되어 돌아보니
그리움 보듬은 기억은
끝내 가슴에 감추었소이다.

제6부

산 개울 풍경

–

혼자 나는 작은 새
그림자 쫓는 물고기도
모두가 제 멋대로
가을 젖은 바람까지 쪼더니
겨울잠에 쫓기는 개구리
눈 비비고
개울가에 올라앉는다

–

진달래 꽃잎 지던 날

화사한 분홍빛
온통 부풀은 처녀의 가슴을 열고
촉촉한 밤이슬에 젖어
녹엽들의 주검 위로 추락하며
색깔마저 잃어버린 채
보라빛 눈물을 훔치고
울고 있는가

살아온 세월은 역사라
밤이 가면 아침이 오고
밝은 햇볕을 맞으려는
새싹들의 아우성
난청과 난시에 서글퍼져버린
4월의 산 속에서
봄바람 보듬고 울고 있다.

산 개울 풍경

고이는 듯
자작자작 흐르는
명경보다 더 맑은
산 개울 활수

한가롭게 누워있는
파란하늘
노란 가을 속
한 잎 빨간 단풍

혼자 나는 작은 새
그림자 쫓는 물고기도
모두가 제 멋대로
가을 젖은 바람까지 쪼더니

겨울잠에 쫓기는 개구리
눈 비비고
개울가에 올라앉는다.

호우

적막
허리 풀고 잠든 밤
강수대 온 밤 내내
허리 동여매고 조여 오면
숨 막히는 바람

어느 날 없이
웃음 잃고
울음소리 안으로 안으로만
감추어오던 바닷물에서 방황하다

옴쭉달싹 못 하고
가슴 열어놓은 채
두 손 허우적거리면서
눈물 철철 흘리는 통곡

언제 어둠이 걷히나
소리치며 울부짖다
땅을 치는 몸부림의 눈물.

황혼이 비추는 언덕

그 옛날
인생의 무게가 느껴질 때
한 방울의 땀방울
그의 할 일이 달라진다는데

이제
서두르지 않고도
언젠가는 이르러야 하는
삶의 발달단계에 따라
빨간 노을이 물든 폐쇄기

황혼이 비추는 언덕
그 울타리 가로등 밑에서
어둠을 바라보며
건강과 돈과 소외감
그리고 역할 상실로의 아픔들

갈 수 있는 길을 찾으며
갈등과 고뇌로 방황하면서

한 바가지
마중물이라도 그리운 날들

어둠처럼
남은 것 없이
회한의 자국도 없이
흔적 지우면서
함께 섞여 사라져버릴 것을.

구름

햇살로 꽃이 피는 봄부터
햇살도 추위에 떠는 겨울까지
남의 것을 탐하는 구름
바람을 핑계로
빛을 가리고
어둠 속에서도
탐욕의 날개만 펼치며
무색의 앞치마로 눈을 가리고
공활한 허공을 날고 있다.

폭설

방향조차 잃고
어두커니 지켜 선 겨울나무
그림자마저 찾지 못하고
소리 없는 적막 속에서
폭설은 쏟아지고 있었다

분화구 언저리 하얀 분진
무더기로 덮어쓰고
숨 고르던 하얀 집들
울컥울컥 분노 잠재우다
주저앉아 통곡하고 있었다

눈 속에 눈이 가리어
지나온 자국 지운 산에는 멧새
처마 끝 비둘기
길도 없는 벌판에는 내가
더듬더듬 헤매이고 있었다.

별빛

소리 없는 미소로
빗장 풀린 하늘에서
어둠 뚫고 가슴에 안기는
쟁반 속의 보석이여

아픔의 신음소리
소리 내며 굴러가는 냇물에
소리 없이 흘러가는 강물에
목말라 헤매는 바람 속에 흘려보내고

기쁨의 속삭임
작은 마음 하나라도
반짝반짝 충만한 고요함으로
밤을 끌어안는 흐느낌이여

나만의 자유로
마음의 문을 열거나 닫거나
승화하는 사랑만이
열린 가슴속에서 빛남이여.

설산의 침묵

나이도 모르는 산

실어증으로 흐느끼는 나목들과
소복이 뒤집어쓴 하얀 눈

무심한 발굽에
뽀드득 뽀드득
세월의 신음소리 듣는가

눈구름에 젖은 침묵
바람이 휘감고 있다.

4월의 산 2

울고 있다
별빛 쏟아지는 밤이면
조용히 잠드는 산이 울고 있다

창문 너머로
입 다물고 울지도 못하던 가슴
하얀 달빛에 빛나는 푸른 이마로
다가오더니 이 밤
4월의 산은
어둠 속에서 울고 있다

여기 저기
제 살 찢고 터져 나오는 새싹들
너도 나도
망각에 묻어버린 어제
생각하고 싶지 않은 내일
북소리 같은 아우성을 치고 있다.

풀밭(草原)에 서면

초록빛
풀밭에 서면
가슴이 설레인다

풀잎에
내려앉은 이슬방울
들바람과 눈이 맞아
바람난 옛사랑
햇살 속에
반짝이는 그리움

짙푸른 풀밭
나란히 걷는 날
흩날리는 기다림으로
가슴이 설레인다.

아, 오늘이여

저렇게, 아파트 화단마다
벌건 정열과
하얀 미소의 철쭉꽃 축제

그러나
서편 화단 한 가운데
삶의 질곡에서 몸살 하는 철쭉 한 그루

어제까지는
아쉬움 속에서도
남쪽, 서쪽의 풍성한 햇살이었는데

어느 날
남쪽엔 고층건물
서쪽 등 뒤로 거창한 축대

오늘은
하얀 미소 잃어버린 채
꽃망울도 맺지 못한 숨 막히는 아픔

아, 오늘이여
북쪽 바람과 그늘로 가려진 희망
나의 땅을 찾아주오
나의 봄을 돌려주오.

새벽 정경

어둠 속에서
소리 없이 눈 비비는
여명의 날개

유난히
별이 반짝이는
상큼한 정경

그리운 추억도
오늘을 향하는
연둣빛 기지개

긴 여정 속
보람을 위한 하루
만남의 희열 같은 이슬

어둠 걷히는 하늘에
늙어버린 쪼각달
눈감으며 걸려있었다.

트렌스젠더(transdender)

새로운 꿈도
어둠에 갇힌 현실 앞에서
벽을 더듬다 몸살을 하고
한 순간이었다는 어제가
우중충하게 숨 막히는 내일

남자도 여자도 아닌 것이
창조주의 신비도
염색체의 셈도 모른 채
기를 쓰고 죽고 싶어도
기를 쓰고 살아야 하는 아픔

아! 어찌할거나
종신 감옥살이의 희망은
주민번호 뒷자리 첫 단위의 변신
절망 같은 희망
끝내 하루해가 저물어가는가….

* 트렌스젠더 : 중성으로 성전환자

햇살과 바람

햇살과 바람이
크기도 두께도
그리고 빛깔과 색깔도
제멋대로 인
물풀이 뒤엉킨 늪에서 살고 있다

그 늪에는
탐욕이 덩어리 진 채
비가 내리면 씻겨질까
눈을 크게 뜬
천사의 집이 있었다

천사의 집에는
처마 밑에 은신하였거나
마당에서 활개 치거나
어둠을 더듬거나
정의(正義)가 살면서도 값이 없었다

햇살과 바람은
침묵 속에서도
한 세월의 늪
값이 없는 정의에 대하여
언제나 증언하고 있었다.

병실풍경 4

50대 후반의 환자에
30대 딸이 문병을 왔다
“아빠 저녁은?”

50대 후반의 환자에
30대 아들이 문병을 왔다
“아버지 오늘은 무엇했어요?”

30대 초반의 환자에
9살 아들과 어머니가 문병을 왔다
환자와 어머니가 열심히 속삭인다

“갔다가 내일 올게
너 혼자 있을 수 있지?”
“응, 아들아 이리 와봐”

아빠가 어린 아들 머릴 감싼다
순간 어린아이 눈가에 눈물이 글썽
어린아이 울음이 흐느낌으로 길어진다

천장에는 덩그런 형광등
아픔은 어둠 속에서 진하게 트림하고
멀건 맹물은 거꾸로 매달려
외딴 병실을 찾고 싶어진다.

밤이 가면 내일이

박기태 시집

발 행 일 | 2012년 6월 20일
지 은 이 | 박기태
발 행 인 | 李憲錫
발 행 처 | 오늘의문학사
출판등록 | 제55호(1993년 6월 23일)

주 소 | 대전광역시 동구 삼성1동 125-6 한밭오피스텔 401호
전화번호 | (042)624-2980
팩시밀리 | (042)628-2983
홈페이지 | http://www.lito77.co.kr(홈페이지)
전자우편 | hs2980@hanmail.net

공 급 처 | 한국출판협동조합
주문전화 | (070)7119-1741~2
팩시밀리 | (031)944-8234~6

ISBN 978-89-5669-504-4
값 8,000원

ⓒ박기태.2012

* 지은이와 협의하여 인지는 생략합니다.
* 잘못된 책은 바꾸어 드립니다.

* 이 책은 전라북도 문예진흥기금 일부를 지원 받았습니다.